INTERNET MARKETING

Metodi Veloci per iniziare a Guadagnare da Subito Usando il Web

Sommario

INTRODUZIONE

Ancora oggi, mi stupisce che più persone non siano consapevoli dell'ENORME potenziale che internet rappresenta per guadagnare denaro.

Questa non è solo un'opzione per quei fortunati imprenditori esperti di tecnologia; è qualcosa che chiunque può Iniziare a fare con effetti speciali. Se sai come usare un computer, allora potresti guadagnare soldi online.

Non solo, ma potresti guadagnare un reddito passivo. Questo significa che potresti fare soldi mentre dormi. Questi modelli di business a reddito passivo non hanno bisogno di essere complicati da impostare, tra le altre cose. È qualcosa che puoi iniziare a fare in pochi giorni, se non ore.

Alcuni modelli di business online sono così scioccamente semplici che richiedono di fare poco più che " copia e incolla" di un modello di successo per iniziare a renderlo redditizio per te.

Inoltre, non è solo il denaro che puoi guadagnare facendo questo. Gestire un business online ti dà un modo per fare soldi facendo qualcosa che ami e che ti appassiona veramente. Inoltre, ti permetterà di acquisire un po' di notorietà.

Riesci ad immaginare quanto sarebbe gratificante ricevere e-mail da sconosciuti che ti dicono che i tuoi video o i tuoi post sul blog hanno cambiato le loro vite?

Questo può essere un trampolino di lancio per grandi cose. Può essere un modo per ritrovarsi un giorno in televisione. Può portare ad un contratto editoriale.

Può aiutarti a creare altri prodotti che hai sempre sognato - immagina il senso di realizzazione che viene dal vedere qualcosa che hai pensato nei negozi.

E se già gestisci un'attività o se sei qualcuno che lavora per un'altra azienda, puoi persino utilizzare una conoscenza di base del marketing su Internet per promuovere l'organizzazione esistente e farla crescere fino a raggiungere livelli completamente nuovi.

Se il web può fare tutto questo per un individuo, immagina quanto potrebbe far crescere la tua attività. Immagina quanti nuovi visitatori puoi portare al tuo sito web, quanti nuovi clienti puoi spingere verso i tuoi prodotti, e quanto poco tempo, sforzo e denaro ti può costare tutto questo...

In breve, non c'è limite a ciò che puoi realizzare usando il business di Internet, ed è qualcosa in cui tutti dovrebbero essere coinvolti.

Sia che ti piaccia l'idea di avere un blog che la gente legga e apprezzi, sia che tu voglia fare un po' di soldi di tanto in tanto, sia che tu voglia potenziare la tua organizzazione esistente, o che tu voglia far crescere il tuo impero online.

Sembra tutto fantastico! Ma non ho il tempo o la conoscenza!

Forse hai già sentito alcuni di questi discorsi. Forse gli amici ti hanno raccontato di come la loro vita sia cambiata quando hanno iniziato a guadagnare soldi online. Forse hai letto i blog di altri guru dell'internet marketing che promuovono i benefici di fare soldi sul web.

Forse sei solo abbastanza intelligente da vedere le opportunità lì davanti a te.

Allora perché non hai ancora fatto nulla?

Beh, se sei come molte altre persone, allora la risposta probabilmente si riduce a due fattori:

- Il tempo

- E la conoscenza

Probabilmente non conosci abbastanza il web o come funziona per vedere le precise opportunità che ci sono per te.

Probabilmente non sai ancora come procedere per impostare un sito web, per non parlare di come riempirlo del tipo di contenuto per cui le persone si precipitano a leggere, creando un prodotto da vendere grazie ad esso, o promuoverlo in modo che le persone di tutto il mondo possano scoprirlo.

Forse non hai ancora familiarità con tutti i diversi tipi di business che puoi creare online. Forse, per esempio, non sapevi che puoi iniziare a fare soldi vendendo libri che non hai nemmeno scritto.

E l'altro problema è il tempo. Ti piacerebbe imparare tutte queste cose, ma ne hai il tempo?

Poi c'è l'idea di gestire effettivamente il business giorno per giorno. Se sei già un professionista impegnato, come puoi permetterti il tempo di costruire un'attività aggiuntiva oltre a quella che già occupa la maggior parte del tuo tempo?

Soprattutto se sei anche un uomo o una donna con famiglia, o anche solo qualcuno con una vita sociale attiva!

Ecco dove entra in gioco questo libro. In queste pagine, scoprirai tutto ciò che devi sapere per iniziare a gestire un'attività di grande successo nel tuo tempo libero.

Non c'è bisogno di sapere una sola cosa sul SEO, sulla costruzione di un sito web o sugli affari: imparerai come funziona il web, come la gente fa i soldi e come tu puoi entrare in azione.

Ci concentreremo sui modi più veloci ed efficaci per iniziare a fare soldi online. Scoprirai modelli di business che puoi implementare rapidamente in poche ore o anche meno.

E scoprirai come puoi creare business che si gestiscono da soli in modo che tu non debba farlo.

Sono serio: puoi iniziare a fare migliaia di dollari ogni mese da un'attività che ti richiederà meno di qualche ora per essere avviata. C'è un elemento di fortuna in gioco, certo, ma lo scenario peggiore è che guadagnerai qualche centinaio di dollari al mese.

Poche centinaia al mese.

In modo indefinito.

Con poche ore di lavoro.

Sembra pazzesco, vero? Sembra impossibile!

Ma non lo è. E scoprirai perché non lo è in questo libro. Nei primi capitoli troverai diverse attività semplici che possono essere implementate rapidamente ed efficacemente.

Supponiamo che tu voglia andare un po' oltre. In questo caso, guarderemo alcuni consigli di produttività che ti permetteranno di sfruttare la potenza del web per realizzare enormi quantità di lavoro in un tempo limitato.

Vedrai come puoi prendere queste idee e usarle per far crescere il tuo business.

Se sei nuovo a tutto ciò, questo libro può cambiare il modo in cui approcci il tuo lavoro. E nel farlo, può cambiare la tua vita...

Per chi è questo libro?

Questo libro è davvero per chiunque voglia imparare di più sull'internet marketing e fare soldi dal web. Tuttavia, non ha il tempo di investire innumerevoli ore nella crescita di un business online o nella gestione di un blog.

Se pensi che potresti trarre beneficio dal guadagnare almeno diverse centinaia di dollari per poche ore di lavoro al mese, allora questo libro fa per te.

Inoltre, questo libro si rivolge principalmente ai professionisti del business. Supponiamo che tu sia una persona che gestisce un'attività o che attualmente lavora a due passi dal punto di rottura con i tuoi attuali datori di lavoro. In questo caso, scoprirai che questo libro utilizza molti concetti e strategie che ti sono familiari ma in un modo nuovo.

Questo ti aiuterà a capire come usare l'internet marketing sul posto di lavoro o come usarlo per uscire dalla frenesia che c'è in giro.

COSA FA FUNZIONARE INTERNET?

Se sei nuovo dell'internet marketing, allora molti dei concetti di base potrebbero esserti sfuggiti. Forse non hai ancora capito bene come è possibile fare soldi online.

Mentre se sei un po' più esperto, allora potresti ancora non afferrare la complessità dei sistemi che fanno funzionare l'economia del web. Cosa la guida? Da dove arriva tutto il denaro?

Capire questo ti aiuterà a manipolare meglio quei sistemi per iniziare a guadagnare. Ti aiuterà a demistificare molto di ciò che vedremo nei capitoli successivi.

Questo è un capitolo che vorrei che mia nonna leggesse. Mi chiede costantemente come faccio i miei soldi e se è legale o meno!

Alle persone che non capiscono come far funzionare l'internet marketing per loro, può sembrare un po' come una magia! Come se tu fossi uno stregone che può evocare soldi dal nulla (e naturalmente, questo fa parte del fascino di capire l'internet marketing).

Quando impareranno che i soldi arrivano mentre stai dormendo, ti accorgerai che saranno ancora più stupiti!

L'economia del web

Il denaro va e viene sul web ed è guidato da molte delle stesse forze che lo guidano qui nel "mondo reale".

Più specificamente, la maggior parte dei soldi è fatta dalle persone che comprano cose, e per la maggior parte, questi sono prodotti fisici (articoli da siti come eBay, Amazon, negozi di abbigliamento, o anche alimentari), prodotti digitali (eBooks su come fare soldi o mettersi in forma), servizi (servizi legali, consulenze, siti di incontri, marketing, scrittura, fotografia), vacanze, e altro.

In questi giorni, probabilmente fai molti dei tuoi acquisti online, quindi probabilmente hai già familiarità con tutto questo. Ma anche se non fai acquisti online, potresti anche fare ricerche online - potresti cercare il parrucchiere locale più vicino o un posto dove mangiare, per esempio.

Le imprese convenzionali con cui probabilmente hai molta familiarità fanno tutti molti dei loro soldi utilizzando il web, e così anche la tua impresa potrebbe farlo.

Tuttavia, probabilmente, non hai il tempo di creare un'attività di questo tipo. Se sei un professionista impegnato, allora non avrai tempo la sera per allestire un salone di bellezza, per offrire consulenza legale o per vendere magliette.

Questi sono modelli di business che richiedono investimenti monetari, molto tempo, abilità e conoscenze specifiche, ecc.

Questi non sono affari che puoi mettere in piedi nelle tue serate!

Puoi ovviare a questo, naturalmente, vendendo qualcosa che puoi creare in poco tempo e che non comporti troppi investimenti finanziari. Questo potrebbe significare vendere un ebook, per esempio.

Un eBook non è altro che un documento Word o un file PDF che puoi creare con MS Word. Non richiederà abilità o conoscenze specialistiche per essere realizzato, non ti costerà nulla e non avrai bisogno di conservarlo da nessuna parte.

Inoltre, puoi venderlo innumerevoli volte pur dovendolo produrre solo una volta. Lo stesso vale per le app, i giochi, i corsi online e altri "prodotti digitali".

Il ruolo dell'Internet Marketer

Il problema è che questi tipi di prodotti attraggono solo un particolare tipo di persona. Devi essere molto persuasivo per convincere qualcuno a spendere soldi per qualcosa che non può fisicamente tenere in mano.

Ed è qui che entra in gioco l'internet marketing. Una forma diretta di internet marketing consiste nel vendere un prodotto digitale e poi iniziare a trarre profitto quasi all'infinito da un singolo file che hanno creato solo una volta.

Il tuo lavoro, in questo caso, ruoterà in gran parte intorno al pagamento della pubblicità online, cercando di arrivare in cima a Google (che richiede più tempo), o indirizzando le persone in una mailing list.

Ma questo è solo un modo in cui puoi usare quelle abilità di internet marketing Perché tutti i business hanno bisogno di occhi. Tutti quei negozi di vestiti, tutti quei parrucchieri e tutti quei siti di vacanze... hanno tutti bisogno che la gente li trovi.

Quindi, sono disposti a pagare altre persone per far girare la voce - sia direttamente che indirettamente.

Questo è il modo in cui molti siti web fanno soldi dalla pubblicità senza vendere nulla sul loro sito.

In questo caso, puoi fare soldi dalle persone che ti pagano mensilmente per visualizzare i banner pubblicitari sul tuo sito, oppure puoi fare soldi attraverso Google ads e altre reti che associano gli inserzionisti con i creatori di contenuti giusti.

In quest'ultimo scenario, spesso guadagnerai un importo minimo ogni volta che qualcuno clicca sul tuo annuncio o ogni volta che questo viene mostrato ad un nuovo utente. In entrambi i sistemi, più visitatori riesci ad attrarre al tuo sito web, più soldi puoi guadagnare.

Anche i video di YouTube fruttano denaro - mostrando annunci all'inizio del video nella maggior parte dei casi o venendo pagati dagli sponsor per mostrare prodotti.

In questo caso, puoi pensare che il modo in cui guadagni sia simile ad una rivista gratuita che viene distribuita in metropolitana.

Non hai pagato per quella rivista, ma è coperta di pubblicità. Quegli inserzionisti pagano per creare la rivista sapendo che sarà vista da molte persone.

In alternativa, puoi guadagnare soldi per promuovere direttamente un prodotto. Questo può avvenire trovando un accordo di sponsorizzazione, come hanno fatto molte star di Instagram e YouTube, o può avvenire promuovendo prodotti di affiliazione.

Quest'ultima opzione equivale essenzialmente a vendere un prodotto per la Commissione. Qui, il venditore ti fornirà un link unico al loro sito che solo tu conosci. Tutti gli acquisti che arrivano attraverso quel link saranno accreditati sul tuo account - guadagnandoti una percentuale su ogni vendita.

In breve, il successo degli internet marketer dipende dalla loro capacità di attirare gli occhi su un argomento e di dire opinioni. Se lo fai, puoi guidare le vendite dei tuoi prodotti o di quelli di altri ideatori e distributori.

Come professionista impegnato, queste abilità possono permetterti di far crescere la tua attività o di iniziare a fare molti soldi extra nel tempo libero.

Nei capitoli seguenti imparerai come fare entrambe le cose con il minimo tempo e sforzo.

GUADAGNA SOLDI SUBITO USANDO IL MODELLO DI BUSINESS PLR

Modello di business semplice: Prodotti PLR

Fin qui, o sei incuriosito da tutta questa teoria o stai roteando gli occhi perché hai già sentito tutto prima. In entrambi i casi è comunque solo questo - teoria - è ora di iniziare a mettere le cose in pratica.

Prima di farlo, però, voglio che tu rifletta su un'altra cosa: il modo in cui pensi di guadagnare soldi online come un business. Un cambio di paradigma, se vuoi.

Perché è qui che molte persone in cerca di soldi online sbagliano, si spera che tu abbia meno probabilità di cadere in questa trappola se hai già successo negli affari, ma vale comunque la pena menzionarlo.

Perché molte persone si avvicinano al business online con un piano per diventare il prossimo Mark Zuckerberg o Steve Jobs, il web è nuovo, è eccitante ed è 'high tech'. È qui che nascono gli imprenditori e le grandi imprese da un giorno all'altro.

Questa è la tua opportunità di creare qualcosa di veramente nuovo, qualcosa che cambi la vita e che ti renda ricco mentre cambi il mondo.

Tranne che questo è il modo peggiore di pensare quando si affronta questa esperienza.

Per ogni Mark Zuckerberg, ci sono milioni di persone che non ce la faranno mai. Questi sono eventi rari e fortuiti. Non rappresentano affatto la maggioranza dei grandi successi sul web.

La maggior parte di questi grandi successi non assomiglia a Mark Zuckerberg - assomigliano a te.

E assomigliano ai tuoi colleghi di lavoro.

Abbiamo già visto che il web funziona in modo molto simile al resto dell'economia. I soldi vengono da persone che vendono shampoo per capelli e vacanze. E queste non sono imprese che stanno cambiando la vita. Queste sono attività quotidiane e regolari.

Sono anche provati, semplici e facili da replicare. Sono un rischio minore. E come uomo d'affari, probabilmente li capisci.

Quindi invece di cercare di trasformare il modo in cui comunichiamo, che ne dici di prendere un modello di business che sai che funziona e replicarlo? Potrebbe sembrare meno stimolante o unico. Ma è anche MOLTO più probabile che ti aiuti a fare molti soldi online.

Perché è successo lo stesso per innumerevoli altre persone.

Non c'è niente di male nel guardare un modello di business che funziona bene e poi replicarlo con precisione, sapendo che farà lo stesso per noi. È più veloce, più affidabile e più efficace.

In questa prossima sessione, porteremo questo concetto alla sua conclusione più estrema: copiando e incollando letteralmente il business di qualcun altro. Con il loro permesso, ovviamente!

Prodotti PLR: Il modo più veloce che si possa immaginare per iniziare a guadagnare online in modo affidabile

Il business in questione ruota semplicemente intorno alla vendita di prodotti PLR. PLR sta per 'Private Label Rights' ed è un tipo di licenza - significa che hai determinati diritti per quanto riguarda l'utilizzo del prodotto che stai acquistando.

Nello specifico, una licenza PLR ti dà il diritto di a) rivendere e b) modificare un prodotto.

Questi sono ordinariamente prodotti digitali - ricordi che ne abbiamo parlato nell'ultimo capitolo - il che significa cose come eBooks o corsi online. Questo significa che puoi comprarli solo una volta e poi venderli tutte le volte che vuoi per continuare a guadagnare.

Tutto ciò di cui hai bisogno sono i diritti di rivendita. I prodotti PLR offrono questo e poi fanno un ulteriore step dandoti il diritto di modificare il prodotto e renderlo tuo.

Questo è un grande affare nell'internet marketing ed è una pratica molto regolare. Così, puoi trovare un sacco di prodotti con diritti di etichetta privata che stanno lì ad aspettare che tu faccia soldi con loro.

Meglio ancora, i creatori si aspettano che tu lo faccia. Per questo motivo, hanno realizzato i loro prodotti con quell'uso in mente. Spesso forniscono una tonnellata di materiali extra e omaggi che puoi usare per ottenere ancora più successo.

In particolare, la maggior parte dei prodotti PLR viene fornita anche con tutto il materiale di marketing di cui hai bisogno per venderli. Questo significa che avrai la pagina di vendita - la pagina attraverso la quale promuoverai ed eventualmente venderai il prodotto - così come un sacco di annunci già pronti e anche e-mail che puoi utilizzare.

Questo riduce enormemente il lavoro che devi fare e significa che puoi copiare e incollare l'intero business.

È così semplice: trovi il prodotto PLR che pensi possa vendere bene. Poi lo acquisti (generalmente per circa $100-$200). Quindi ottieni il prodotto insieme ai diritti per modificarlo e venderlo, e con tutti i materiali di cui hai bisogno per iniziare a fare profitti.

E da qui, puoi editare il libro per aggiungere il tuo nome come autore e magari aggiungere il tuo marchio alla copertina. Se lo desideri, puoi cambiare il titolo e perfino alcuni dei contenuti all' interno.

Poi modifichi la pagina di vendita , cambi il pulsante 'Paga ora' usando PayPal per approvare il tuo conto e carichi tutto sul tuo spazio web.

Ora puoi iniziare a vendere il prodotto - con il tuo nome sopra - il tutto senza dover alzare un dito.

La parte migliore è che puoi scegliere un prodotto PLR che sai che sta già vendendo bene, evitando così lo scenario in cui investi una notevole quantità di tempo, denaro e sforzi in un prodotto solo per scoprire che non c'è un pubblico pronto ad apprezzarlo.

Il tuo unico compito è quello di assicurarti che le persone possano trovare il prodotto, ed è qui che entra in gioco l'internet marketing. Discuteremo gli innumerevoli modi in cui puoi portare le persone a questo prodotto nei prossimi capitoli. Tuttavia, per evidenziare un esempio, potresti usare la pubblicità PPC.

PPC sta per 'Pay Per Click', che è una forma di pubblicità in cui si paga solo per le persone che cliccano sulla pubblicità. Se la campagna pubblicitaria non ha successo, allora non paghi.

Quindi, finché sai come vendere e ti assicuri che la tua pagina di vendita convinca le persone a comprare (puoi fare delle modifiche a quella che hai ricevuto gratuitamente). Dovresti essere in grado di convertire un'alta percentuale dei tuoi visitatori in acquirenti.

E se riesci a fare questo, dovresti ottenere dei ritorni sull'investimento speso in pubblicità.

Questo è un business che richiederà poche ore per essere impostato e un investimento iniziale minimo. Nonostante tutto questo, può guadagnare un reddito passivo per te - generando denaro mentre dormi - e continuare a farlo a tempo indeterminato.

CREARE MARKETING DI AFFILIAZIONE E ALTRI MODELLI DI BUSINESS NEL TEMPO LIBERO

I prodotti PLR forniscono un modo fantastico per iniziare a guadagnare con l'internet marketing senza sapere nulla di business e senza bisogno di essere un mago della tecnologia. Non hai nemmeno bisogno di essere un mago del business e nemmeno di impegnare molto tempo.

Questo è il modello di business perfetto per l'uomo d'affari impegnato e ti permetterà di impiegare solo un minimo di conoscenza di base delle vendite per guadagnare soldi a tempo indeterminato da un singolo prodotto.

Ma questo è solo un esempio. Un altro esempio è potenzialmente ancora più conveniente, ed è quello che è noto come "marketing di affiliazione".

Cos'è il marketing di affiliazione?

Il marketing di affiliazione è uno dei modi più popolari per fare soldi online come internet marketer. Quando parli di 'internet marketing' ad alcune persone, queste daranno per scontato che tu stia parlando di marketing di affiliazione.

Affiliate marketing significa che stai commercializzando prodotti in cambio di una commissione. L'idea è che tu sia in grado di promuovere un particolare prodotto , creato o messo in vendita da qualcun altro. Per ogni vendita generata grazie al tuo lavoro verrai ricompensato con un percentuale sul venduto.

Essenzialmente, stai agendo come un venditore porta a porta, eccetto che tu hai una porta sul mondo intero...

Spesso questo significa promuovere un prodotto digitale come un ebook o un corso online. Come abbiamo già visto, la cosa bella dei prodotti digitali è che possono essere venduti all'infinito e hanno zero 'CoGS' (Cost of Goods Sold). Senza spese generali, questo significa che i venditori fanno il 100% di profitto.

E la cosa eccitante è che ci sono innumerevoli programmi di affiliazione in giro che si offrono di cedere il 70% dei loro guadagni o più!

Questo potrebbe sembrarti strano. Perché qualcuno che ha creato un prodotto sarebbe disposto a dare via più di quanto sta guadagnando dal prodotto?

La risposta è semplice: vogliono incoraggiare il maggior numero possibile di affiliati ad andare sul mercato e aiutarli a promuovere i loro prodotti. Probabilmente stanno già vendendo il loro prodotto attraverso i loro canali.

Probabilmente stanno facendo più vendite possibili del loro ebook o corso e potrebbero aver esaurito il loro potenziale marketing. Tutte quelle vendite gli stanno dando il 100% di profitto.

Quindi non hanno nulla da perdere ad ottenere vendite aggiuntive per un profitto del 30%.

Offrendo il 70% del loro reddito, attireranno il maggior numero possibile di venditori per aiutarli a promuovere i loro prodotti, il che significa che avranno un esercito di venditori professionisti che li aiuteranno a fare ancora più fatturato e reddito.

Più offrono, più guadagnano.

Questo significa per te che puoi iniziare a vendere un ebook per 50 dollari e guadagnare 35 dollari per ogni vendita. E a differenza dei prodotti PLR, non c'è bisogno che ti preoccupi di comprare qualcosa in anticipo.

Questo significa che puoi promuovere tutti i prodotti di affiliazione che vuoi e scalare il tuo business praticamente all'infinito.

Come funziona

Per iniziare, tutto quello che devi fare è trovare una rete di affiliazione. Alcuni dei più grandi sono del calibro di JVzoo, Commission Junction e ClickBank.

Questi agiscono come vasti depositi di prodotti di affiliazione che puoi sfogliare per trovare le cose che vuoi vendere. Quando trovi qualcosa che ti piace, tutto quello che devi fare è fare domanda e ti verrà dato un "link di affiliazione".

Un link di affiliazione è un link che indirizza i visitatori ad un negozio dove possono acquistare il prodotto, ma generalmente attraverso un re indirizzamento che memorizza i cookie sul loro computer.

Quei cookie li identificano come indirizzati da te e ogni volta che comprano qualcosa, questo viene registrato sul tuo account. Alla fine del mese, le tue vendite vengono conteggiate e tu puoi ritirare i tuoi soldi.

Ancora una volta, un buon prodotto di affiliazione ti fornirà generalmente tutto il materiale di cui hai bisogno per promuoverlo - come la pagina di vendita, le e-mail di marketing, i banner pubblicitari, ecc. Il creatore del prodotto vuole che tu abbia successo, ovviamente, perché più vendi, più soldi faranno!

Puoi quindi caricare la pagina di vendita sul tuo sito o dominio e semplicemente dirigere il traffico utilizzando annunci PPC o altri strumenti.

Così facendo, sarai in grado di generare reddito senza dover possedere tu stesso il prodotto o senza aver mai avuto a che fare con uno dei clienti! In definitiva è un modo 'hands-off' per guadagnare soldi online.

Altri grandi modelli di business online che puoi mettere in piedi in poco tempo

Ma forse non vuoi vendere un prodotto digitale. Forse vuoi vendere un prodotto fisico?

Nessun problema! Puoi diventare un affiliato per prodotti fisici attraverso Amazon utilizzando il loro programma partner.

Riceverai una commissione molto più piccola (in genere intorno al 4-8%), ma la cosa buona è che una volta che porterai un cliente ad Amazon, farai una commissione su

tutto ciò che comprano durante quella sessione.

Quindi, se stai promuovendo un libro e qualcuno clicca sul tuo link, compra un libro e poi compra anche una TV a schermo piatto, beh, allora puoi fare un sacco di soldi!

O forse vuoi creare il tuo negozio online? Un modo per farlo è diventare un rivenditore. Potrebbe sembrare una grande impresa, ma grazie al web, è un modello di business che i professionisti impegnati possono facilmente gestire la sera.

Tutto quello che devi fare è trovare un grossista. Un grossista è un produttore, una fabbrica o un rivenditore che ti venderà articoli all'ingrosso a prezzi significativamente scontati.

Così, per esempio, potresti essere in grado di comprare 100 paia di jeans per 1.000 dollari ma poi vendere ogni articolo a 20 dollari. Questo significa che avrai un profitto del 100% su ogni vendita.

La cosa bella è che da qui, puoi poi reinvestire il profitto che fai per ordinare un lotto ancora più grande di jeans la prossima volta. Potresti intascare $250 e poi spendere $1.750 per il tuo prossimo lotto di jeans - o potresti comprare qualcosa di più costoso.

Lo stoccaggio sarà abbastanza semplice, visto che i prodotti sono piccoli e stai comprando quantità ridotte, e puoi promuoverli su eBay. L'imballaggio è un'altra spesa da mettere in conto ma non dovrebbe ammontare a molto. Con poche ore di lavoro ogni sera, puoi portare un bel guadagno secondario in questo modo!

Non vuoi avere a che fare con il possesso fisico delle scorte? Allora che ne dici di cercare un drop shipper? Un drop shipper è molto simile ad un affiliato, solo che tu puoi affermare che il prodotto è tuo e il tuo pubblico non entra mai in contatto con il produttore.

Tutto quello che devi fare è trovare un'azienda che offre servizi di dropshipping, vendere i loro prodotti per loro e poi passare gli ordini a loro.

Si occuperanno della creazione del prodotto, dell'imballaggio e della consegna, così potrai guadagnare senza preoccuparti di gestire i clienti o di consegnare gli articoli/conservarli!

Puoi trovare sia grossisti che dropshipper.

Oppure potresti fare il percorso completamente opposto e creare un'attività vendendo un servizio direttamente ai clienti o ad altre aziende. Questo è un modello di business molto semplice che è facile da impostare online e poi scalare a seconda che tu voglia più o meno clienti.

Per esempio, supponiamo che tu sia un bravo scrittore. In questo caso, tutto quello che devi fare è creare un sito web che promuova le tue capacità di scrittura, pubblicare alcuni annunci nei forum e in altri luoghi e poi aspettare che gli ordini arrivino. Naturalmente, questo non è un modello di business 'passivo' perché devi lavorare per i soldi.

Non puoi andare a dormire e lasciare che questo tipo di business vada avanti da solo!

Ma anche se questo è vero, puoi comunque gestire questo tipo di business senza dover investire una quantità significativa di tempo o sforzo. Forse ti basta scrivere qualche migliaio di parole a settimana per fare un piccolo reddito secondario la sera

Troverai rapidamente dei clienti regolari e in questo modo non avrai nemmeno bisogno di fare pubblicità!

Allo stesso modo, puoi trovare lavoro come web designer, come fotografo o grafico quando avrai finito di leggere il resto di questo libro - anche come marketer!

E poi c'è la possibilità di gestire qualsiasi altro tipo di business di servizi online. Che ne dici di offrire alle persone una formazione personale online, per esempio? Consulenza aziendale? O avvocato?

Se stai cercando di riempire solo poche ore a settimana, allora non farai molto marketing e, come per ogni buon business, avrai clienti abituali e il passaparola.

Basta mettere da parte qualche ora alla settimana per gestire gli ordini e potrai di nuovo goderti il reddito extra e il senso di soddisfazione che deriva dal gestire la tua attività sul web!

SCEGLIERE IL MODO DI FARE SOLDI ONLINE

Speriamo che la tua mente stia iniziando a correre mentre consideri tutti i possibili metodi a tua disposizione per guadagnare soldi online, anche se sei un professionista impegnato.

Ma c'è una differenza tra mettere su un business velocemente e mettere su un'azienda che avrà successo velocemente.

Ed è qui che la tua conoscenza come professionista del business ti tornerà utile.

Usando la tua attuale esperienza e comprensione, dovresti essere in grado di creare un modello di business online che guadagni velocemente. Si spera che tu abbia più possibilità della maggior parte delle persone quando si tratta di capire rapidamente i sistemi in uso - e di modificarli per ottenere risultati migliori.

In definitiva, supponiamo che tu stia cercando di ottenere un profitto velocemente. In questo caso, devi considerare due fattori cruciali più di ogni altro: il tipo di prodotto che venderai e la nicchia/audience in cui venderai.

L'obiettivo è trovare il prodotto giusto e poi abbinarlo al pubblico giusto. O per dirla in un altro modo, risolvere un problema specifico di una determinata persona.

Facendo questo lavoro bene, puoi renderti la vita molto più semplice.

Scegliere la nicchia

La prima cosa che devi fare, sia che tu venda un prodotto digitale, un prodotto fisico o un servizio, è trovare la tua nicchia. La nicchia in questo contesto è il gergo dell'internet marketing e significa 'settore'.

Scegliendo la tua nicchia, scegli l'argomento che tratterai e, quindi, il tipo di cliente a cui venderai. La scelta più ovvia qui è quella di scegliere una delle nicchie più popolari che la maggior parte degli altri internet marketer userebbero per i loro prodotti.

Di gran lunga, le nicchie di internet marketing più grandi per la vendita di prodotti sono:

- Fare soldi online

- Incontri

- Fitness

- Salute

- Affari

- Stile di vita

Queste sono nicchie popolari perché hanno un appeal globale. Solo ad alcune persone piacciono i gatti e solo alcune persone sono appassionate di canottaggio: ma tutti vogliono essere più sani, tutti vogliono amare o fare sesso e tutti vogliono guadagnare soldi.

Scegliendo una di queste nicchie, ti dai il più grande pubblico possibile e quindi ti dai le migliori possibilità di successo.

Oppure no?

Perché oltre a darti il più grande pubblico possibile in questo modo, ti stai anche dando una probabile concorrenza.

Queste sono le nicchie più popolari di cui abbiamo già parlato. Come tali, sono piene di altri venditori, tutti che vendono prodotti alternativi che sono altrettanto buoni come i tuoi (o migliori).

Non solo, ma ti stai anche dando una focalizzazione zero e nessun "percorso di mercato" diretto.

Da dove cominceresti a promuovere un prodotto sul 'fitness'? O su 'incontri'? Ci sono così tanti altri siti che ti vengono contro. Il pubblico è completamente saturo di offerte, prodotti e affari.

Ora riconsideriamo il canottaggio. Vendi un ebook sul canottaggio e ora hai una nicchia molto più mirata con percorsi di mercato specifici e diretti.

Vai in un forum o in un gruppo di social media sull'argomento canottaggio e quello che troverai è che ci sono probabilmente alcune centinaia o migliaia di persone. Tutte loro sono appassionate di quell'argomento.

Meglio ancora, probabilmente molto raramente hanno persone che cercano di vendere loro libri su quell'argomento perché è molto più di nicchia. C'è una domanda qui.

È probabile che vorrebbero sapere come migliorare nel loro sport/hobby preferito e se il tuo libro può fare questo per loro. Non hanno letto nulla di simile prima, allora promuovere il suddetto libro in questo forum potrebbe portare a delle vendite!

Poi puoi pensare a tutte le altre vie di mercato che sono disponibili. Che ne dici di un sito web di canottaggio? Una rivista di canottaggio? Anche un club di canottaggio? Che ne dici di un college che ha un club di canottaggio attivo?

Tutti questi sono luoghi possibili dove puoi promuovere il tuo libro e iniziare a fare vendite.

Una scelta popolare è quella di scegliere un settore specifico. Che ne dici dell'industria delle luci di scena? O l'industria dei camioncini del cibo?

Ci sono migliaia di persone in queste industrie che potrebbero beneficiare di maggiori informazioni e se puoi vendere loro qualcosa che li aiuti, potrai guadagnare molti soldi.

Poiché dovrebbero guadagnare soldi comprando il tuo libro, si spera che lo vedano come un investimento e non gli dispiacerà separarsi dai soldi.

Ancora una volta, stai risolvendo un problema specifico di una particolare persona.

Quando pensi a quale nicchia entrare, considera sempre le tue attuali opportunità, contatti e risorse.

La maggior parte di noi conosce persone che hanno una certa influenza e la maggior parte di noi ha risorse specifiche già disponibili; ha senso sfruttare al meglio queste risorse e, ancora una volta, in questo modo ti stai rendendo la vita più facile e stai trovando il modo più veloce per iniziare a fare soldi con l'internet marketing come professionista del business.

Per esempio, se hai già un blog tutto dedicato alle arti marziali, allora puoi sempre fare un ebook o comprare un ebook su quell'argomento. Hai già il pubblico a cui vendere, quindi è un gioco da ragazzi! Lo stesso vale se sei un istruttore di arti marziali.

E vale anche se sei il migliore amico di qualcuno che possiede un grande sito di arti marziali. Renditi la vita il più semplice possibile!

Fusione di nicchie

Potresti trovare difficile scegliere una piccola nicchia con un pubblico più piccolo. Forse va contro il tuo intuito naturale di scegliere gli argomenti più grandi e popolari: questo è normale e c'è da aspettarselo.

Una soluzione allora potrebbe essere quella di unire le nicchie e di trasformare più argomenti in un unico argomento. Per esempio, puoi facilmente combinare le arti marziali e il fitness scrivendo un libro sul 'fitness per artisti marziali'.

O che ne dici di 'fitness per studenti'? In questo modo, ti stai concentrando su una sottosezione più piccola di una nicchia più significativa e ti rivolgi ad un mercato più specifico pur avendo ancora un appeal globale.

Questo è un modo molto efficace per massimizzare i tuoi potenziali guadagni attraverso qualcosa come un prodotto PLR. Compra un ebook generico sul fitness e poi altera leggermente il contenuto per trasformarlo in un ebook sul fitness per studenti, per praticanti di arti marziali, per anziani, per il diabete.

In questo modo, puoi iniziare rapidamente a commercializzarlo in più aree diverse e potenzialmente massimizzare i tuoi guadagni!

Scegliere prodotti con una proposta di valore

Ciò che è anche molto importante è che tu capisca perché certe cose vendono e altre no. Non basta scegliere un prodotto che sia nella nicchia giusta; devi anche assicurarti che abbia quel fattore 'wow' che lo aiuterà a vendere.

C'è molto da imparare sulle pagine di vendita, ma una delle cose più importanti che devi capire prima di iniziare a cercare di trarre profitto è come usare la "proposta di valore". Questo si riferisce a come il tuo prodotto fornisce valore al tuo pubblico.

Un buon prodotto dovrebbe in qualche modo migliorare la vita del tuo pubblico, e questo lo farà valere più della somma delle sue parti.

Se stai vendendo un ebook sul fitness, non devi concentrarti su quante pagine ha o su quanto sono belle le immagini. Sarebbe utile se non ti concentrassi nemmeno su quanto è buono per aiutare le persone a perdere peso e a costruire muscoli.

Invece, concentrati sull'aspetto emotivo: la proposta di valore. Racconta all'acquirente come si sentirà quando amerà il proprio corpo, quando si sentirà sicuro di sé nel guardarsi allo specchio, come sarà più attivo nell'attrarre i membri del sesso opposto e come si ammalerà meno spesso.

Questo è il valore intrinseco.

Qualcosa come un ebook sul fitness può vendere molto di più di qualcosa come un ebook sul giardinaggio per questa ragione - il valore è intrinsecamente più eccellente. Ha più di un 'gancio emotivo'. Cerca prodotti che puoi far desiderare alla gente.

ANNUNCI FACEBOOK E GOOGLE ADSENSE PER PROFITTI SUPER-VELOCI

Qualunque sia il tipo di prodotto che stai vendendo e a chiunque tu lo stia vendendo, vorrai portare quanti più visitatori possibile alla tua 'pagina di vendita'.

Un modo per farlo è quello di pubblicare messaggi nei forum e nei gruppi di social media, come abbiamo visto. Un altro modo è sfruttare i tuoi contatti esistenti.

Questi sono due aspetti essenziali dell'internet marketing. Tuttavia, entrambi sono anche limitati.

Dopo un breve periodo di tempo, esaurirai i tuoi contatti. Devi stare molto attento a quello che postati nei forum e nei gruppi per evitare di essere bannato (consiglio: assicurati anche di fornire valore e di prendere parte alla comunità. In questo modo, le persone saranno più indulgenti se promuovi un po).

Supponiamo che tu voglia fare un colpo di scena più grande ed essere coinvolto nell'internet marketing come si deve. In questo caso, potresti considerare di utilizzare il social media marketing o il SEO. Parleremo di entrambe le cose nei prossimi capitoli ma è sufficiente dire che entrambi gli aspetti richiedono una certa quantità di tempo e conoscenza.

Dato che siamo concentrati sul fare soldi veloci online usando modelli di business semplici, siamo meno interessati a questo aspetto.

Ma forse il modo più potente e veloce per fare soldi con uno di questi modelli di business è promuovere le tue pagine tramite AdSense o Facebook Ads...

Un'introduzione a Facebook Ads e come farlo bene

Iniziamo con Facebook Ads. Come accennato, gli annunci di Facebook sono una forma di marketing PPC che significa che paghi solo quando qualcuno clicca su uno dei tuoi annunci.

Come avrai capito, gli annunci di Facebook appariranno su Facebook, dandoti così l'opportunità di fare pubblicità a chiunque usi la piattaforma di social media.

Puoi decidere quale sia il massimo che sei disposto a pagare per un clic sull'annuncio impostando l'"offerta massima". Ogni volta che due annunci sono adatti per una singola posizione, entreranno in una guerra automatica di offerte. Se la tua offerta massima è la più alta, il tuo annuncio verrà mostrato.

Più è alta l'offerta, più spesso il tuo annuncio verrà mostrato. Tuttavia, puoi mostrare molti annunci per un prezzo basso se scegli una nicchia più piccola con meno concorrenza. Un'altra ragione per non amare il 'fitness' se vuoi fare soldi velocemente.

Puoi anche impostare un budget giornaliero in modo che dopo una certa quantità di clic a 20 centesimi ciascuno, smetterai di mostrare i tuoi annunci quel giorno. Questo rende molto facile impostare un budget specifico ed evitare di spendere troppo.

Ciò che rende gli annunci di Facebook così potenti, però, è il fatto che puoi usarli per indirizzare persone specifiche in base alle informazioni che danno a Facebook - la loro età, il loro sesso, la loro posizione e il loro sesso, così come i loro interessi, il loro stato di relazione e anche il loro reddito.

Visto che stai pagando per ogni clic, devi assicurarti che le persone clicchino sugli annunci solo se sono interessate a comprare potenzialmente da te. Pertanto, vuoi assicurarti che solo il tipo giusto di persona veda il tuo annuncio.

Quindi se vendi un ebook sull'organizzazione di un matrimonio, potresti scegliere di mostrare gli annunci solo alle donne che sono fidanzate. In questo modo, ci saranno molte più possibilità che saranno interessate ai tuoi libri!

Ora, mantieni l'offerta massima relativamente bassa. Puoi sapere che non stai pagando più di 50 centesimi per visita per le persone che arrivano sulla tua pagina - e che tutte quelle visite saranno da donne fidanzate.

Se vendi un ebook di affiliazione per 100 dollari e ne tieni 75, allora puoi permetterti di pagare per 150 visitatori e fare solo una vendita.

Supponiamo che il tuo script di vendita sia buono (che potresti non aver scritto) e che il prodotto sia allettante e abbia un prezzo corretto. In questo caso, puoi realisticamente aspettarti di ottenere un tasso di conversione tra l'1-5%. Questo significa che dovresti recuperare tutti i soldi che spendi in marketing e anche di più.

In teoria, questo significa che puoi continuare ad investire sempre più soldi in sempre più annunci e quindi continuare ad aumentare le tue entrate. In alternativa, potresti investire in annunci per più eBook e, in questo modo, scalare il tuo business.

La cosa migliore delle donne fidanzate come target demografico è che il mercato non si esaurisce mai. Nuove donne si fidanzano in continuazione, quindi non raggiungerai mai il punto in cui ogni potenziale acquirente ha visto la tua pubblicità.

Le inserzioni di Facebook sono ottime anche perché forniscono una grande quantità di dati che ti aiutano a modificare e perfezionare le tue inserzioni fino al punto in cui ottieni profitti più alti e conversioni migliori!

Un'introduzione a Google AdWords

Google AdWords è essenzialmente la stessa cosa, tranne che per Google. La differenza è che questa volta stai pagando per far apparire gli annunci in cima a specifici risultati di ricerca sotto la voce "risultati sponsorizzati".

Per il resto, il sistema funziona su una base PPC simile. Questo ha pro e contro. Da un lato, non puoi mirare con precisione al tipo di persona che cerca il tuo prodotto. Non puoi scegliere di mostrare solo alle donne impegnate, per esempio.

Ma quello che puoi fare è mostrare il tuo prodotto alle persone che cercano 'come organizzare un matrimonio'. Questo ha il vantaggio di essere mirato e allo stesso tempo ben tempificato. È probabile che il tuo pubblico voglia imparare qualcosa sull'organizzazione del matrimonio, ma sta cercando attivamente delle informazioni.

Google AdWords fornisce molti altri strumenti per raffinare e migliorare la tua campagna, che non approfondiremo qui.

Ma un esempio è la possibilità di utilizzare "parole chiave negative" - termini che vuoi escludere dalla visualizzazione dei tuoi annunci. Per esempio, puoi assicurarti che nessuno includa il termine 'gratis' - poiché è improbabile che quelle persone non siano disposte a pagare per i tuoi prodotti.

Un altro consiglio - indipendentemente dal tipo di PPC che usi - considera di menzionare che il tuo prodotto è a pagamento proprio nel testo della tua pubblicità.

Puoi anche includere il prezzo! Dicendo 'ebook da 30 dollari sull'organizzazione del matrimonio!' eviterai che le persone clicchino sull'annuncio a meno che non siano disposte, almeno in teoria, a pagare quella cifra per un ebook. Improvvisamente, la probabilità che quella persona compri da te una volta arrivata sulla tua pagina di vendita salirà enormemente.

La percentuale di persone che cliccano sugli annunci e poi comprano da te dovrebbe essere aumentata significativamente, e come tale, dovresti guadagnare molto di più!

Ancora una volta, ci vuole semplicemente una mente imprenditoriale per iniziare a fare soldi online velocemente usando l'internet marketing.

TRARRE PROFITTO DA UN GRANDE BLOG USANDO I MIGLIORI HACK DI CRESCITA

Forse vendere prodotti creati da altre persone non era quello che avevi in mente quando hai sentito parlare di Internet Marketing.

Forse hai l'aspirazione di essere un blogger di successo. O forse hai intenzione di usare l'internet marketing per creare un blog o un sito web di successo per il tuo marchio esistente.

Quindi come fa esattamente un blog a fare soldi? E come puoi salire su quel treno di entrate?

Come abbiamo brevemente accennato prima in questo libro, la risposta è che si fanno soldi costruendo un pubblico e, più specificamente, un pubblico mirato. Speriamo che ora tu stia già vedendo tutti i modi in cui puoi fare soldi con un pubblico, una volta raggiunto.

Se hai un blog di successo, allora puoi iniziare rapidamente a fare molti soldi dai lettori di quel blog utilizzando uno qualsiasi dei modelli di business di cui sopra: vendergli un prodotto PLR, vendergli prodotti di affiliazione, vendere molti prodotti di affiliazione o usarlo per promuovere un servizio.

La cosa migliore è che gestire un blog ti permetterà anche di sviluppare una relazione con quel pubblico e aiutarlo a conoscerti.

Supponiamo che leggano regolarmente i tuoi consigli e le tue idee. In questo caso, dovrebbero avere sperimentato in prima persona quanto tu sia competente e quanto i tuoi consigli possano essere utili per loro. Così, quando dovrai vendere loro qualcosa, saranno "preparati".

Una volta raggiunto questo stadio, sei un leader di opinione e scoprirai anche che altri marchi vorranno promuovere i loro prodotti attraverso la tua persona.

Questo è il punto in cui le aziende cominceranno a pagarti per promuovere i loro prodotti o dove potrai cominciare ad essere pagato per visualizzare la pubblicità PPC.

Se gestisci già un'attività, dovresti considerare di rendere il tuo obiettivo quello di arrivare a questo punto. Una volta raggiunto con questo risultato, scoprirai che molte persone impareranno a conoscere la tua attività e si fideranno di te abbastanza da comprare da te.

Questa è la base del content marketing - uno dei modi più potenti ed essenziali di internet marketing.

Tuttavia, la costruzione di un vasto pubblico richiede tempo, perché dovresti sempre vendere e mai esporre annunci. Se stai cercando il modo più veloce per iniziare a guadagnare soldi online investendo solo una piccola quantità del tuo tempo ogni settimana, allora crea un blog.

I blog con migliaia di visualizzazioni giornaliere sono fortunati o hanno impiegato un po' di tempo per arrivare a quel punto.

Questo rende folle creare un business online e fare soldi puramente con il PPC perché questa è la strategia che molti principianti cercheranno di usare.

Google AdSense è proprio come AdWords, tranne che va sui siti web - siti web come il tuo! Le persone saranno disposte a pagare 20 o 50 centesimi per mostrare i loro annunci su siti come il tuo, e Google li aiuterà ad ottenere la loro parte.

Potresti ottenere 10 centesimi per ogni clic, quindi, o potresti anche ottenere 1 centesimo o 0,01 centesimi in alcuni casi.

E per di più, è che per ogni mille persone che arrivano sul tuo sito, puoi realisticamente aspettarti di ottenere 1-5 clic. Il punto è che ti ci vorrà molto tempo per raggiungere il punto in cui potrai vivere solo con questo tipo di modello di business.

E ancora più importante da considerare è che ti stai posizionando alla base della piramide quando usi questo tipo di modello di business. Google ti paga per mostrare quegli annunci perché un inserzionista li paga di più.

E quell'inserzionista è disposto a pagare Google di più solo perché ha un modo per guadagnare di più da quei visitatori - è probabile che stia vendendo loro un prodotto digitale per diverse centinaia di dollari. E tu stai guadagnando pochi centesimi.

Se non guadagnassero di più da quei visitatori, allora non sarebbero disposti a pagarti per loro. E ogni volta che qualcuno clicca su uno di quegli annunci, lo stai perdendo come cliente e lo allontani dal tuo marchio. Questo è l'opposto di un buon affare!

Vendere il tuo prodotto o un bene o servizio affiliato è di gran lunga il modo migliore per guadagnare e per mantenere le persone impegnate con il tuo marchio.

Costruire la fiducia e offrire valore

quindi hai già un'attività e ora vuoi aggiungere un blog al tuo sito web? O forse stai solo cercando di costruire il tuo sito in modo da poter vendere un prodotto o un servizio.

Sfortunatamente, è qui che una "mente commerciale" può rappresentare una cosa negativa.

Perché molte persone pensano che per gestire un blog aziendale di successo per promuovere un prodotto o un servizio, devono rimanere strettamente "in tema".

Lo stesso vale per i social media; pensano di dover scrivere post sulla loro attività, sul prodotto e sul settore.

Ho incontrato questo innumerevoli volte. Un cliente con cui ho lavorato aveva un software EPOS (punto di vendita elettronico). Ho suggerito loro di scrivere post sulle piccole imprese, sulla produttività e sulla tecnologia. Ma loro volevano scrivere solo su come il software EPOS potesse far risparmiare soldi alle aziende.

Ora ecco la domanda che devi sempre farti: chi lo leggerà? Se tutto quello che stai facendo è promuovere sfacciatamente il tuo prodotto o marchio, allora chi vorrà sintonizzarsi ogni giorno per vedere l'ultima cosa di cui stai scrivendo?

Invece, devi assicurarti di fornire valore. Devi dare delle informazioni utili o divertenti gratuitamente, in modo che le persone abbiano una ragione per continuare a tornare. Solo così puoi creare un pubblico interessato a cui poi venderai.

Quindi, il modo migliore per avere successo con un blog è quello di scrivere di cose a cui il tuo pubblico sarà interessato. Sii coerente e sii appassionato e inserisci i tuoi prodotti e servizi solo quando è il momento giusto. Questo ti aiuterà ad ottenere condivisioni, a trovare persone che si iscrivono al tuo blog e altro ancora.

Hack di crescita per far crescere rapidamente il tuo pubblico

Tutto questo richiede tempo, però, molto tempo.

E questo libro è tutto incentrato sul fare soldi e avere successo nell'internet marketing nel più breve tempo possibile.

Una risposta è quella di utilizzare i "trucchi per la crescita". Queste sono semplici tecniche che puoi usare per far crescere e promuovere il tuo sito web che non implica aspettare gradualmente che si diffonda con il passaparola.

Uno degli esempi più influenti e famosi è quello di utilizzare qualcosa chiamato 'influencer marketing'.

Influencer marketing significa che sfrutterai il potere di un influencer esistente: qualcuno che ha già un sacco di seguito e un grande pubblico nella stessa nicchia (o una nicchia correlata).

Supponiamo che tu possa trovare uno YouTuber che ha 500.000 visualizzazioni su ogni singolo video. In questo caso, tutto quello che devi fare è mandargli un messaggio e convincerli a menzionare il tuo sito web o blog nel loro prossimo video.

Se riesci a farglielo fare, puoi potenzialmente generare centinaia di migliaia di visite al tuo sito web quel giorno. Questo può trasformare il successo del tuo business da un giorno all'altro.

Naturalmente, la parte difficile dell'influencer marketing è trovare gli influencer e convincerli a promuoverti.

Un modo per aggirare questo problema è quello di offrirsi di pagarli per il loro tempo. Un'altra opzione è quella di trovare un influencer alla mano e che non abbia problemi a darti uno shout-out (alcuni si divertono e sono felici di aiutare!). O potenzialmente, potresti invece offrire di fare qualcosa per loro.

Che ne dici di lavorare ad un progetto con loro? Se hai un'abilità da offrire, puoi in qualche modo aiutare ad aumentare il loro successo e, allo stesso tempo, è probabile che ti pubblicizzino.

Per esempio, se sai come creare app, mettiti in contatto e offri di costruire la tua app. Con ogni probabilità, saranno entusiasti e si complimenteranno. In quanto tale, promuoveranno l'app, per la quale potrete dividere le entrate al 50%.

Se fai fatica a convincere un influencer ad ascoltare, allora una grande strategia è quella di assumerlo per qualcosa. Se riesci a trovare un influencer che offre una consulenza o vende un prodotto, allora ordina da loro. Saranno poi obbligati a risponderti.

Un'altra grande opzione è quella di incontrarli di persona. Una volta che hai stabilito un contatto in uno di questi modi, probabilmente scoprirai che sono molto più inclini ad ascoltarti e ad aiutarti. Si tratta di costruire relazioni e connessioni genuine.

Un'altra buona opzione per un hack di crescita è quella di trovare la via perfetta per il mercato. Spesso se riesci a creare un eccellente post sul blog e a promuoverlo nella posizione ideale, allora scoprirai che puoi ottenere un enorme afflusso di traffico da un solo link.

La chiave è rendere il tuo post interessante e abbastanza unico che chiunque si trovi in uno specifico SubReddit o forum sarà sicuro di volerlo leggere. Se riesci a farlo bene, puoi generare migliaia di clic. Molti di questi potrebbero essere interessati ad iscriversi al tuo feed o forse anche ad ordinare un prodotto lì per lì!

La tua guida super-veloce al SEO

Questo non sarebbe un libro sull'internet marketing, però, se non toccassimo almeno

Il SEO è 'ottimizzazione per i motori di ricerca', che a tutti gli effetti significa 'ottimizzazione per Google'.

L'idea alla base di tutto ciò è che stai apportando delle modifiche al tuo sito web e creando dei link sul tuo website e, in questo modo, farai in modo che il tuo sito abbia più probabilità di comparire nei risultati di ricerca quando qualcuno cerca qualcosa di correlato su Google.

Sfortunatamente, questo non è uno strumento particolarmente veloce quando si tratta di commercializzare il tuo sito. Il SEO richiede molto tempo e non c'è mai nessuna garanzia che sia efficace. Puoi metterci molto impegno e scoprire comunque che non funziona.

Ma crea comunque un approccio sistematico per il tuo SEO. Puoi trovare modi per accelerare il processo: per esempio, facendo un nuovo post una volta alla settimana o esternalizzando il processo.

Essenzialmente, Google lavora cercando contenuti che corrispondono ai termini di ricerca che le persone stanno cercando. Quando qualcuno cerca una frase specifica, Google cerca i contenuti nel suo indice e poi mostra i siti con i contenuti più rilevanti.

Per aggiungere nuovi siti all'indice, Google utilizza degli 'spider' - programmi che scansionano il web seguendo i link. Google guarda anche ogni link come una testimonianza - e migliore è il sito che ti collega, più peso ha quella testimonianza.

Il tuo obiettivo è quello di riempire il tuo sito con contenuti di alta qualità che Google vedrà come rilevanti e ottenere che i siti più importanti e più grandi ti linkino. Ancora una volta, questo spesso significa lavorare con gli influencer.

Non cercare di ingannare Google. Non cercare di spammare Google. Non cercare di utilizzare le parole chiave (ripetendo ripetutamente la frase di ricerca nel tuo contenuto) e non pagare le persone per condividere i tuoi link. Google è abbastanza intelligente da scoprirti e sarai penalizzato.

Invece, concentrati sul rendere il tuo sito il tipo di sito di alta qualità che gli influencer chiave saranno felici di associare. Il tuo marchio è bello come quello dei migliori concorrenti sul web? Se no, allora devi lavorare su questo!

Ma quello che devi comprendere è che dal punto di vista di Google, ottenere uno dei "link giusti" può cambiare completamente il gioco e vale innumerevoli "link di bassa qualità". Per ottenere quei link giusti, devi capire di chi si fida Google.

La risposta? Google si fida dei siti che sono autorità. Questo significa domini .gov e.edu. Significa siti più vecchi che sono stati in giro per molto tempo e siti con marchi riconosciuti.

Se il tuo sito riceve un link da un posto del genere, otterrai una spinta più significativa in molto meno tempo. Ma la cosa più importante è che se ottieni un link da un sito con un link del genere, otterrai comunque una spinta considerevole. Consideralo un po' come "gradi di separazione".

Un altro consiglio è quello di cercare i siti che Google presenta nella sua sezione notizie. Se Google mette un sito lì, allora è un segno perfetto che si fida del marchio. Concentra il tuo tempo sulla costruzione di questi link e sulla qualità, e il tuo SEO sarà due volte più efficace nella metà del tempo.

CONSIGLI DI RENDIMENTO PER AIUTARTI A FARE PIÙ LAVORO IN MENO TEMPO

Tutti questi consigli e strategie sperano di dimostrarti che puoi essere molto efficace come marketer su internet in una frazione del tempo che ci vorrebbe per gestire un marketing simile offline.

Il web è un potente equalizzatore e un grande 'moltiplicatore di forze' - permette agli individui di avere tutto l'impatto delle corporazioni giganti.

Ma mentre questi sistemi sono veloci e potenti, devi anche pensare a come ottimizzare e snellire il tuo approccio ad essi. Come puoi diventare più veloce in modo da ottenere di più in meno tempo?

Ci sono molte risposte a questo, ma essenzialmente, si tratta ancora una volta di sfruttare il potere di internet e di usare gli strumenti e le risorse che ti presenta.

Per esempio, una cosa che non dovresti mai sottovalutare è il potere dell'outsourcing ad altri fornitori di servizi. Se puoi chiedere a qualcun altro di completare un compito per te, questo ti libera del tempo per lavorare su altre cose più importanti - non essere timido nel farlo!

Hai bisogno di modificare la copertina di un prodotto PLR? Scrivere il contenuto di un blog? Costruire una lista di potenziali influencer da contattare?

Considera di assumere un freelance attraverso un sito come UpWork o considera di usare un assistente virtuale che farà quasi tutti i lavori online per pochi dollari all'ora. Se riesci a fare questo, puoi far lavorare molti dei tuoi sistemi per te.

Diamine, puoi anche fare un passo avanti e usare l'"arbitraggio di servizio". Questo significa che offrirai i tuoi servizi come scrittore o web designer per 30 dollari all'ora e poi esternalizzerai il lavoro ad un servizio white label che lo farà per 20 dollari all'ora. Tu intaschi i 10 dollari!

Puoi anche snellire il tuo flusso di lavoro facendo delle regole che tu stesso seguirai. Questo potrebbe significare mantenere le spese di comunicazione al minimo non impegnandosi in chiamate Skype o riunioni online, o potrebbe significare semplicemente trovare il modo di essere più disciplinato nel modo in cui affronti il lavoro.

Impostarsi brevi "blocchi di tempo" per lavorare può aiutare, così come usare cose come la tecnica del Pomodoro.

Poi ci sono strumenti come Asana che aiutano nella gestione del tempo e strumenti come IFTTT che possono gestire i tuoi social media per te.

Sfrutta questi strumenti il più possibile per raccogliere tutte le cose che stai facendo ogni giorno e far sì che la tecnologia e altre persone le gestiscano per te.

Questo è il modo in cui l'uomo d'affari impegnato dovrebbe approcciarsi all'internet marketing.

CONCLUSIONE

A questo punto, dovresti essere pronto ad andare là fuori e ad iniziare ad 'imparare facendo'. Se prendi solo una cosa da questo libro, allora dovrebbe essere che l'internet marketing non deve richiedere molto tempo.

Puoi essere molto efficace nel promuovere il tuo marchio esistente o uno completamente nuovo, e puoi anche creare business completamente automatizzati che funzioneranno e si scaleranno da soli mentre dormi.

Ci vuole solo una mente imprenditoriale e un paio di sere a settimana, e puoi iniziare a diffondere il messaggio a tutto il web. Una volta imparato a farlo, tutto è possibile. Impiega queste tecniche, tuffati e buona fortuna!

Discalaimer

Questo documento è finalizzato a fornire informazioni esatte e affidabili per quanto riguarda l'argomento e la questione trattata. La pubblicazione è venduta con l'idea che l'editore non è tenuto a rendere servizi contabili, ufficialmente autorizzati o altrimenti qualificati. Se è necessaria una consulenza, legale o professionale, dovrebbe essere richiesto ad un individuo esperto nella professione.

Le informazioni qui fornite sono dichiarate veritiere e coerenti, in quanto qualsiasi responsabilità, in termini di disattenzione o altro, da qualsiasi uso o abuso di qualsiasi politica, processo o direzione contenuti all'interno è la solitaria e totale responsabilità del lettore destinatario.

In nessuna circostanza alcuna responsabilità legale o colpa sarà tenuta contro l'editore per qualsiasi riparazione, danni o perdite monetarie dovute alle informazioni qui contenute, direttamente o indirettamente.

Le informazioni qui contenute sono offerte esclusivamente a scopo informativo, e sono universali come tali.Ial presentazione delle informazioni è senza contratto o qualsiasi tipo di assicurazione di garanzia.

I marchi utilizzati sono senza alcun consenso, e la pubblicazione del marchio è senza permesso o sostegno da parte del proprietario del marchio. Tutti i marchi e le marche all'interno di questo libro sono solo a scopo chiarificatore e sono di proprietà dei proprietari stessi, non affiliati con questo documento.